LIBERAR LA CREATIVIDAD

UNA NUEVA EDUCACIÓN

KRISHNAMURTI

aia Ediciones

Título original: Education Series - *It doesn't matter if you die for it*
Traducción subtítulos: FKL
Diseño de cubierta: Rafael Soria
Diseño interior: Equipo editorial de Gaia Ediciones
Fotografía portada: KFT/KFA

© KRISHNAMURTI FOUNDATION TRUST LTD, 1983-1984
Brockwood Park. BRAMDEAN, Hampshire SO24 0LQ, Reino Unido

La presente edición en lengua Española ha sido contratada – con la licencia de la
Krishnamurti Foundation of America (KFA) www.kfa.org, e-email: kfa@kfa.org
y la Krishnamurti Foundation Trust Ltd (KFT) www.kfoundation.org,
e-mail: kft@brockwood.org.uk - con la Fundación Krishnamurti Latinoamericana (FKL)
Barcelona, España. www.fkla.org, e-mail: fkl@fkla.org

De la presente edición en castellano:
© GAIA Ediciones, 2010
Alquimia, 6, 28933 Móstoles (Madrid) - España
Tels.: 91 614 53 46 - 91 614 58 49 - Fax: 91 618 40 12
E-mail: alfaomega@alfaomega.es - www.alfaomega.es

Primera edición: mayo de 2010

Depósito legal: M. 21.438-2010
ISBN: 978-84-8445-301-7

Impreso en España por: Artes Gráficas COFÁS, S.A. - Móstoles (Madrid)

Cualquier forma de reproducción, distribución, comunicación pública o transformación
de esta obra solo puede ser realizada con la autorización de sus titulares, salvo excepción
prevista por la ley. Diríjase a CEDRO (Centro Español de Derechos Reprográficos,
www.cedro.org) si necesita fotocopiar o escanear algún fragmento de esta obra.

INTRODUCCIÓN

La correcta educación es un tema fundamental en la enseñanza de Krishnamurti, porque sin ella nuestras sociedades y nuestro mundo están condenados a ciclos continuos de violencia y sufrimiento.

Krishnamurti fundó varias escuelas para iniciar un enfoque nuevo de educación que no se limitara a la simple acumulación de conocimientos y técnicas, sino que permitiera comprender la vida en toda su extensión e impulsara el florecer de una nueva generación de seres humanos libres de condicionamientos y capaces de convivir sin conflicto, sin violencia y sin sufrimiento.

Él mismo participó de forma activa en esas escuelas, tratando de imprimir su visión, su perfume, y se reunía frecuentemente con estudiantes, padres y profesores para investigar juntos y descubrir paso a paso las bases de esa nueva educación tan necesaria y urgente.

Ese enfoque propio de Krishnamurti sobre la necesidad de aprender y descubrir por uno mismo todos los mecanismos que generan inseguridad, miedo y conflicto queda reflejado en este diálogo, en el que enfrenta a los estudiantes, y no menos a los lectores, con sus propios miedos e inseguridades, y les enseña a pensar mucho más allá de lo conocido, de las explicaciones y de los análisis intelectuales.

Se trata de integrar como eje, como columna vertebral de la educación y del vivir cotidiano, el conocimiento propio, única herramienta que permite descubrir los talentos ocultos de cada uno, para así liberar la creatividad y la inteligencia.

LIBERAR LA CREATIVIDAD

UNA NUEVA EDUCACIÓN

¿De eso quieren hablar?
Orgullo, logros, éxito, dinero, posición,
poder…; ¿es eso lo que todos desean?

Probablemente sí,
no se engañen a sí mismos,
todos quieren todas esas cosas.

K: *Mire aquellas flores durante un tiempo sin dejar que interfiera ningún pensamiento.*

E: ¿Por qué interfieren los pensamientos?

K: *Primero veamos lo que sucede.
Uno quiere concentrarse en algo;
entonces vienen los pensamientos
e intenta alejarlos, pero regresan de nuevo
y uno debe alejarlos una y otra vez.
Por eso no es posible concentrarse, porque
los pensamientos vienen e interfieren.*

*Es una equivocación evitar
los pensamientos; es inútil.
Entonces, ¿qué hará?*

Desde la infancia les dicen que tienen que concentrarse. Si uno quiere mirar por la ventana, el maestro le dice: 'concéntrese en el libro', aunque sólo está interesado en mirar el lagarto que hay en la pared.

Si yo fuera su maestro, les diría: «observemos juntos el lagarto», no les obligaría a mirar el libro; ¿entienden lo que quiero decir?

E: Supongamos que queremos observar algo. ¿Por qué los maestros no nos ayudan a observarlo?

K: *Pregúnteselo.*

*Si yo fuera su profesor les señalaría
muy detenidamente lo que es la atención;
¿entienden?*

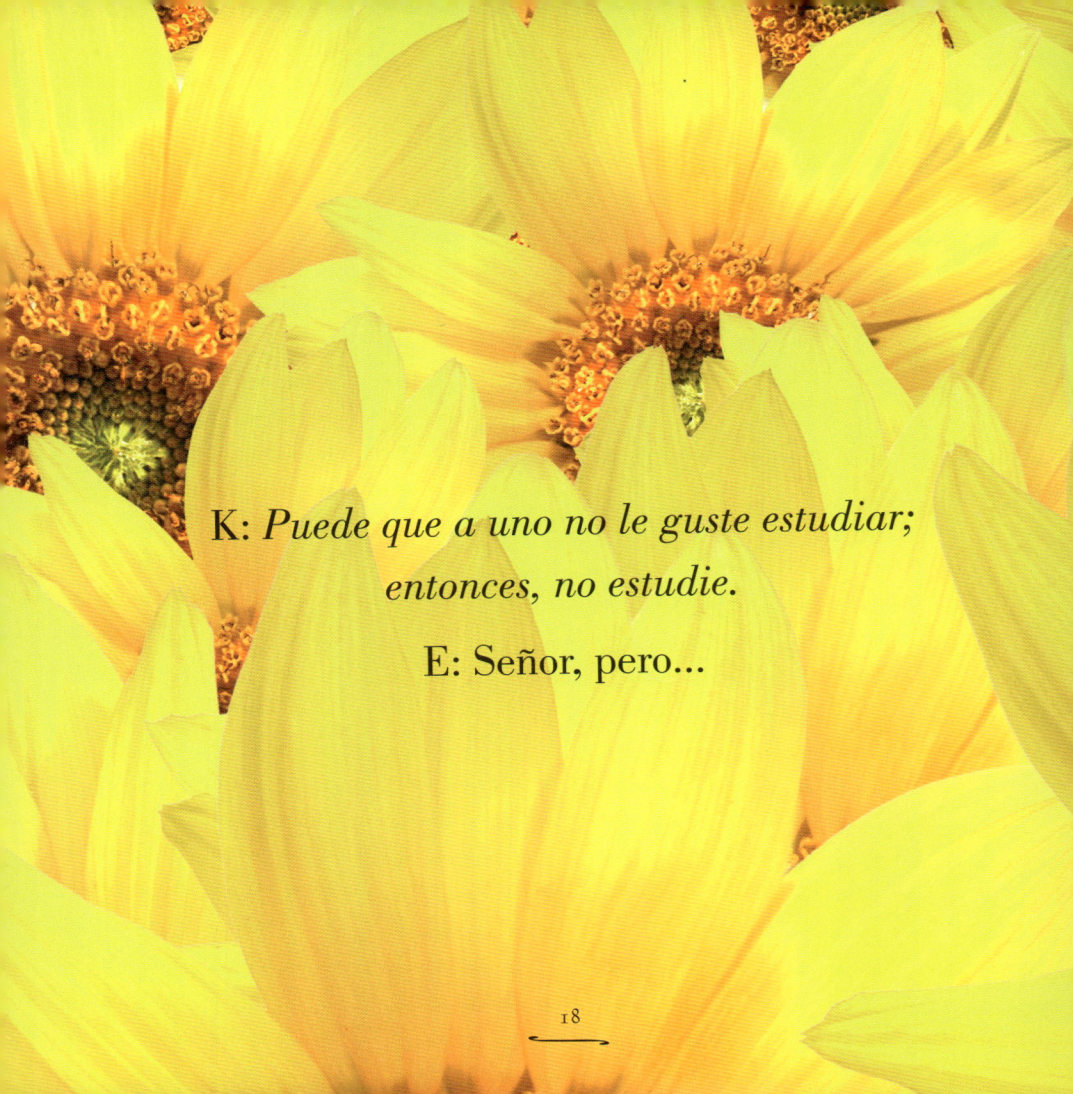

K: *Puede que a uno no le guste estudiar; entonces, no estudie.*

E: Señor, pero...

K: *Descúbralo, descúbralo, aprenda; averigüe por qué no quiere leer libros.*

*Para mí,
meditación y concentración
son dos cosas
completamente diferentes.*

K: *Si hace algo que le gusta,
si ama hacerlo,
no tiene que concentrarse.
Si realmente le gusta,
no hay necesidad de concentrarse;
¿entiende eso?*

E: Sí, señor.

*Exactamente, la meditación sólo
puede suceder cuando no hay esfuerzo,
cuando no hay contradicción alguna;
ya saben, contradicción es decir
una cosa y hacer otra, ¿no?*

*No siempre hay que ser empresario,
capitán del ejército o aviador;
por tanto, deben descubrir
su propio talento y mantenerlo.*

*Resulta difícil descubrir el talento propio,
y puede que no logre tener éxito;
pero eso tampoco importa.*

*Si empieza correctamente, ¿entiende?,
entonces lo correcto está desde el principio.*

*… en todo el mundo hay
una tremenda corrupción.
Por tanto, debo investigar
la causa de la corrupción.*

*La corrupción empieza
con el interés propio.*

*La corrupción empieza
en el corazón, en la mente;
no es sólo dar dinero.*

*Todo viene del propio egoísmo,
tiene toda la razón.
La corrupción empieza ahí.*

*Ustedes son seres humanos que están
creciendo; no sean como los demás,
no se enojen, no sean envidiosos
ni busquen siempre el éxito.*

E: Señor, ¿cómo podemos dejar todo esto?,
¿cómo dejar de ser envidiosos?

K: *Si quiere ser envidiosa, adelante;
ya verá lo que sucede, ¿entiende?
Pero si no quiere ser envidiosa, no lo sea,
no diga «¿cómo voy a dejar de serlo?».*

*Nunca prometan nada a menos
de que estén seguros de cumplirlo.
Deben ver la importancia de esto
en la vida, porque están creciendo
en este mundo terrible e insensato.*

*No hay ninguna sensatez
en el mundo político, en el religioso
ni en el económico;
no hay sensatez.*

*Uno aprende muchísimo
desde la humildad.*

E: ¿Cómo dejo de ser egoísta?

K: *¿Cómo deja de ser egoísta?*
No sea egoísta, sólo escuche;
no pregunte a nadie 'cómo',
porque si le dicen el 'cómo';
entonces estará perdido;
esa es la mayor corrupción que existe.

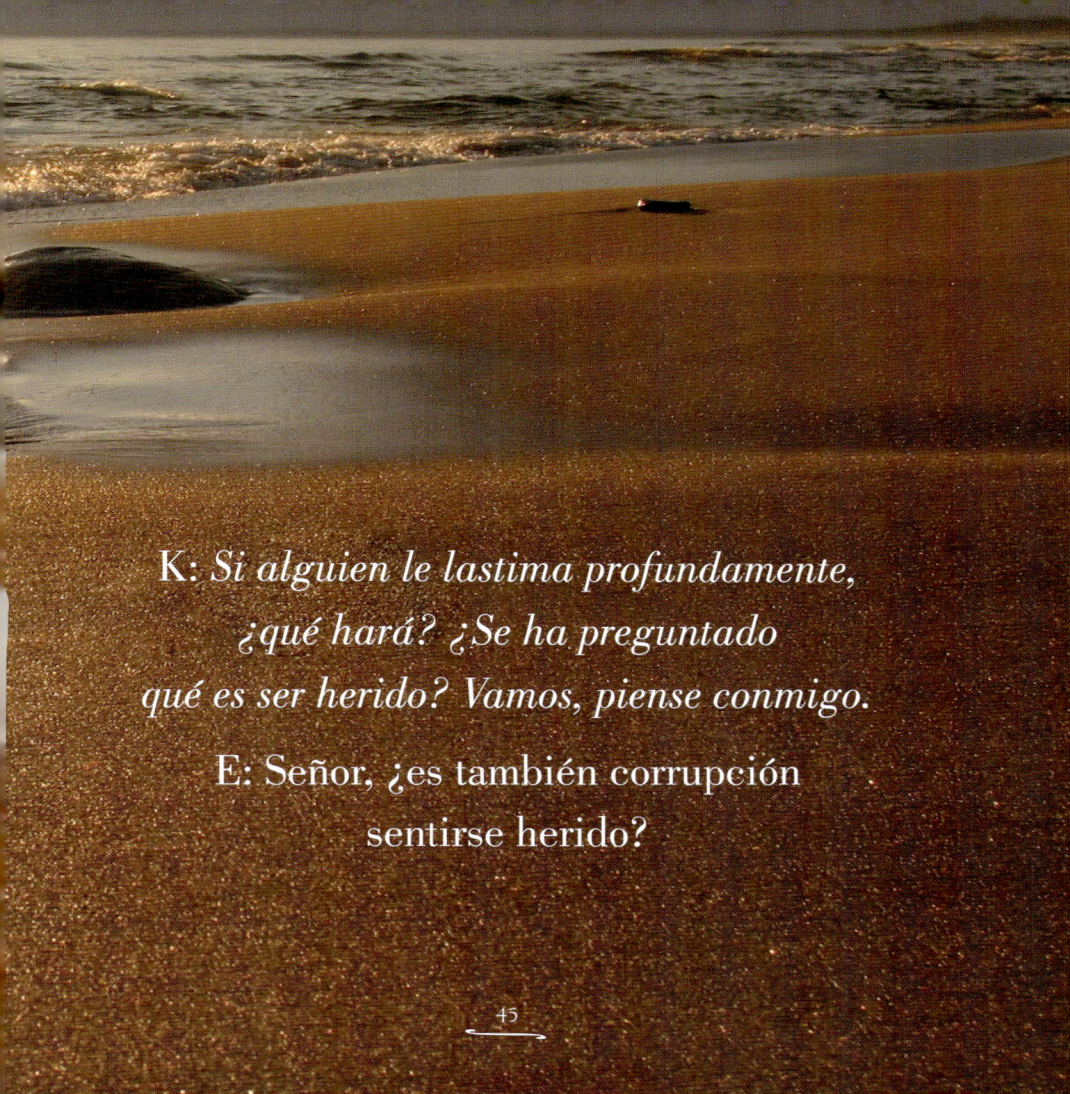

K: *Si alguien le lastima profundamente,
¿qué hará? ¿Se ha preguntado
qué es ser herido? Vamos, piense conmigo.*

E: Señor, ¿es también corrupción
sentirse herido?

He creado una imagen de mí mismo
y esa imagen se siente herida.
Bien, el segundo paso,

escuchen atentamente,
¿puedo vivir sin imágenes?,
¿sin ninguna imagen?

¿Si yo puedo? Sí. De lo contrario, no hablaría de ello.
Es una falta de honestidad hablar de algo que uno mismo no vive.

*Naturalmente, todos tienen imágenes,
y esas imágenes se sienten heridas.*

E: Señor, si me libero de las imágenes,
¿qué queda de mí?

K: *¡Nada!*

*Acaba de decir muy acertadamente que
pensar genera miedo, lo cual es verdad.*

*Ha aprendido el primer punto,
que el pensamiento genera el miedo.*

*Por tanto, debe descubrir qué es pensar
y no cómo detener el miedo. ¿Comprende?*

K: *Ustedes son memoria; sin memoria no serían nada. Así que uno es memoria, y los recuerdos son algo muerto, pasado.*

E: Entonces, ¿cómo es que estamos vivos?

*Descubra la verdad,
los recuerdos no son la verdad.*

*La belleza es la verdad, ¿comprende?
La belleza es la verdad,
la belleza de una vida buena,
no una vida de éxitos.*

El legado que Jiddu Krishnamurti dejó en sus *enseñanzas* forma parte de la responsabilidad de las Fundaciones creadas como iguales por él, con el propósito de preservar la integridad de lo que él expresó durante muchos años y en diferentes lugares del mundo.

Las siguientes Fundaciones creadas por J. Krishnamurti son las únicas instituciones responsables de la preservación y difusión de sus enseñanzas:

Krishnamurti Foundation Trust (KFT)
www.kfoundation.org – email: kft@brockwood.org.uk

Krishnamurti Foundation of America (KFA)
www.kfa.org – email: kfa@kfa.org

Krishnamurti Foundation India (KFI)
www.kfionline.org – email: kfihq@md2.vsnl.net.in

Fundación Krishnamurti Latinoamericana (FKL)
www.fkla.org – email: fkl@fkla.org

Para la consulta y lectura de charlas y diálogos de K pueden hacerlo adquiriendo la nueva versión del CD-ROM, o de forma gratuita en la nueva Web (www.jkrishnamurti.com) proyecto común de las cuatro Fundaciones.

Estas Fundaciones se responsabilizan y garantizan la autenticidad e integridad de los contenidos de todas las publicaciones realizadas por ellas —libros, vídeos, casetes, DVD, etc.—. Para cualquier duda o consulta rogamos contactar con cualquiera de estas Fundaciones.

CRÉDITOS FOTOGRÁFICOS

Las fotografías de la guarda y las páginas 6-7 y 16-17 han sido cedidas por cortesía de Gloria Castro (© Gloria Castro).

P. 1, Daniel Fleck; p. 8, Liza Lauzuma; p. 10, Michael Klug; p. 12, mypokcik; p. 14, pashut; p. 18, Sandra Cunningham; p. 20, Sunnydays; p. 22, Ahmed Zahid; p. 24, pashut; p. 26, styf; p. 28, snaporama; p. 30, Eric Gevaert; p. 32, Gaëtan Bourque; p. 34, Anette Linnea Rasmussen; p. 36, Iakov Kalinin; p. 38, Silver-john; p. 40, Iakov Kalinin; p. 42, David Ng; p. 44, pashut; p. 46, jiri jura; p. 48, Sandra Cunningham; p. 50, Dhoxax; p. 52, Christas Vengel; p. 54, Friday; p. 56, QiangBa DanZhen; p. 58, Pefkos; p. 60, Tiggermouse; p. 62, Iroslav Danylehenko; p. 64, Sunnydays; p. 66, pashut.

Krishn